SUPER KNOWLEDGE

超级涨知识

北京市地理特级教师
李京燕 主审

小猛犸童书

朱岩 编著
石子儿童书 绘

绕不开的
地理常识

活跃的江河湖海

4

电子工业出版社·
Publishing House of Electronics Industry
北京·BEIJING

目录

纯净的水是一种没有颜色、没有味道、没有气味的液体。水看起来十分普通，但却具有很多不同寻常的特性。

水具有怎样的特性？

水由水分子组成，每个水分子都是由两个氢原子（H）和一个氧原子（O）构成的，化学式是 H_2O。

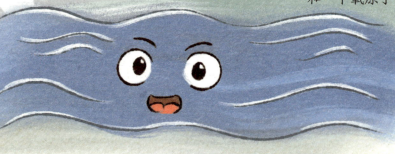

氧原子的一端带有弱的负电荷，氢原子的一端带有弱的正电荷。由于正负电荷的分布不均匀，使得水分子成为一种极性分子。

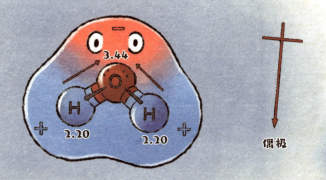

偶极

就像磁铁一样，水分子中的正负电荷会相互吸引，让不同的水分子连接在一起。这种吸引力使水具有了特殊的性质。

表面张力

水表面的分子受到旁边和下方水分子的吸引，产生张力，使水的表面形成弧状。

由于表面张力的存在，植物叶片上的露水才会形成小水珠，装在杯子里的水可以比杯子的边缘高出一点，水黾等小型昆虫也可以施展"水上漂"的功夫，在水面上行走。

4

毛细作用

水分子和一些材料间也会产生相互吸引力，这种现象称为"毛细作用"。

浸润液体在毛细管里上升

毛细作用会使水更容易流向细管状的物体内。当你用吸管喝饮料时，可注意观察，吸管内的液面高度是不是会超过吸管外呢？

万能溶剂

一种物质溶解于另一种物质后形成的混合物，称为溶液。其中，起溶解作用的物质是溶剂。

水可以溶解很多物质，堪称"万能溶剂"。如固体糖可溶解在水中成为糖水，液体的消毒水可被水稀释，氧气等气体也可溶解在水中供鱼类呼吸。

比热容

比热容是单位质量的某一物质，温度升高1℃所吸收的热量。也就是说，比热容大的物质需要吸收很多热量，温度才能上升1℃；而比热容小的物质，只吸收一点热量，温度就能上升1℃。

水的比热容很大，需要吸收很多热量，温度才会上升。如果在炎热的夏天到海边度假，你会发现虽然沙滩已经热得发烫，但海水却依然十分凉爽。

沙滩真热！

海水很凉！

地球上的水在哪里？

水是地球上分布最为广泛的物质之一，以液态、固态和气态的形式存在于地球的各个角落，总量十分丰富。这也是地球不同于其他行星的重要特征。

地球上超过 97% 的水是咸水。
海洋水占 96.53%，
世界上绝大部分的水在海洋之中。

淡水占 2.53%
地球上的水仅有不到 3% 是淡水，其中只有很少的一部分易被人类使用。

海洋水
96.53%

2.53%

湖泊咸水和地下咸水占 0.94%，
一些内陆湖泊和地下水也是咸的。

湖泊淡水占 0.26%
巨大的淡水湖中储存着数量可观的淡水资源，尤以北美洲的五大湖和亚洲的贝加尔湖为代表。

冰川占 68.69%
在淡水中，有将近 70% 冻结在南极和北极的巨大冰盖之中。

土壤水占 0.05%
土壤的缝隙中也保存着一些水，是植物生长的基础。

沼泽水占 0.03%
沼泽的泥炭和草根层中往往储存着大量水分，就像是个无形的蓄水库。

冰川水
68.69%

大气水占 0.04%
大气中的水主要以不可见的水蒸气的形式存在，这些水与很多天气现象直接相关。

地下淡水
30.06%

冻土占 0.86%
在青藏高原、西伯利亚等寒冷地区，土壤中的水分也会被冻结，形成冻土。

地下淡水 30.06%
难以想象的是，在地下岩石的缝隙中蕴藏着约 30% 的淡水，远远超过地上河流和湖泊的水量。

河流水占 0.006%
河流与人类的文明及生活紧密相连，但其实河流水的总量非常小。

生物水占 0.003%
包括人在内的众多生物体内，都有大量的水。一些水母的含水量甚至可达到总体重的 98%。

地球上的水是如何循环的?

地球上以各种形态存在的水,在太阳辐射和地球引力的影响下,通过蒸发、水汽输送、降水、下渗、径流等环节,保持着周而复始的连续运动。这样的过程称为"水循环"。

蒸发	海洋、湖泊、河流中的水,在太阳辐射的影响下,不断蒸发,形成水汽,进入到大气中。
蒸腾	植物通过根系从土壤中吸收水分,然后通过叶片慢慢将这些水分蒸发到大气中,这一过程称为"蒸腾"。
升华	在寒冷的地区,冰雪有时会直接升华成水蒸气,进入大气中。
水汽输送	大气中的水汽,受到风的影响,会被吹到其他地方。特别是海洋上空的大量水汽,常常会被输送到陆地上。

凝结	水蒸气进入大气后，逐渐上升。越往高处，温度越低，能够携带的水蒸气越少。于是，部分水蒸气凝结成液态的小水滴，形成了云。
降水	凝结的水汽越多，云层中的小水滴越大。大气无法再支撑它们的重量时，这些小水滴会落回地面，形成降水。大部分的降水直接落回了海洋，少部分则落到陆地。
地表径流	一些落到陆地上的水会沿着地面流动，形成地表径流，汇入河流和湖泊。这些水可能会渐渐蒸发，也可能最终流回到海洋中。
下渗	另一些落到陆地上的水，会渗入地下，成为地下水。
地下径流	地下水会在岩石与土壤的缝隙间流动，形成地下径流。在一段时间后，这些水可能会流回河流、海洋，重新回到地表。

Tips 降水有哪些形式？
降水包括雨、雪、冰雹等多种形式。

9

水有着怎样的作用？

所有生物都需要水来维持生命的运转。任何动物都需要喝水，植物的光合作用也需要水。

各种水体也为许多生物提供了栖息地。生命最早在水中起源，直到今天，生活在水中的生物依然比生活在陆地上的多。

影响天气和气候

云、雾、雨、雪，几乎所有天气现象都和水有关。水循环影响着全球的气候，对各地的自然环境产生广泛影响。

调节全球热量平衡

水循环对到达地表的太阳辐射起到吸收、转化和传输的作用，缓解了不同纬度地区热量收支不平衡的矛盾，让全球的温度差异变得更小，更适宜人和生物生存。

塑造地表形态

降水和地表径流不断影响和改变着地表形态，很多独特的地貌是由水的侵蚀、搬运或堆积形成的。

联系四大圈层

水循环将大气圈、水圈、岩石圈和生物圈紧密地联系在了一起，让地球的自然环境成为一个整体。

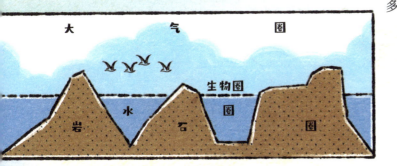

维持全球水量平衡

水循环将全球的水体联系在一起。在一定时期内，全球的海洋水、陆地水和大气水既不会增多，也不会减少。

保持水体更新

水循环使得地球上各处的水体处于不断更新的状态，让人和生物可以有源源不断的"新鲜"水源。

维系人类活动

人类需要清洁的饮用水及大量的生活用水，用于做饭、清洁、淋浴、洗衣服等。

工业生产需要大量用水。生产产品、给机器降温、清洁工业原料、提取矿物质等都离不开水。

农业需要的水甚至更多。浇灌庄稼、畜养牲畜，都需要消耗大量的水。

为海洋提供养料

水循环是海洋和陆地之间联系的纽带。地表径流源源不断地向海洋输送大量泥沙、有机物和无机盐类，为海洋生物提供充足的养料。

什么是海洋？

全球的海洋是贯通的，连成一片巨大的咸水水体。而陆地几乎完全被海洋所包围，被分割成很多大陆和岛屿。

海洋的总面积超过 3.6 亿平方千米，约占地球表面积的 71%。正因如此，地球又被称为"蓝色星球"。

太平洋

707.555.000 立方千米

165.246.000 平方千米

大西洋

323.613.000 立方千米

82.441.000 平方千米

印度洋

291.030.000 立方千米

73.443.000 平方千米

16.980.000 立方千米

14.090.000 平方千米

北冰洋

根据海洋所处的位置、大小和形态等特征，可以分为洋、海、海湾和海峡。

洋	
	洋远离大陆，面积广阔，水深较大，是海洋的主体部分。地球上主要有太平洋、大西洋、印度洋和北冰洋四个大洋。
	太平洋是世界上面积最大、平均深度最深的洋。1520 年，麦哲伦穿越该大洋。当时，天气晴好，水面平静，因此将它命名为"太平洋"。
	大西洋是世界第二大洋，英文名"Atlantic"，来自希腊神话中用肩膀扛着石柱支撑天空的巨人阿特拉斯。
	印度洋是世界第三大洋，主要位于南半球。
	北冰洋位于北极附近，在四个大洋中面积最小。

海	海指洋和大陆之间的水域。与洋相比，海的面积较小，水深较浅。
	陆间海位于多个大陆之间，面积较大，通过海峡和相邻的海域相连。地中海是最具代表性的陆间海。
	内海是深入大陆内部的海域，面积较小，受周围大陆影响大。黑海、红海、渤海等都属于内海。
	边缘海是位于大陆边缘的海域，被半岛或岛屿与大洋分隔开来。珊瑚海、东海、日本海等都是边缘海。

海湾

海湾是海洋深入大陆的部分，水深逐渐变浅，水面逐渐变窄。孟加拉湾、几内亚湾、阿拉斯加湾、哈德逊湾是世界上面积较大的海湾。

海峡

海峡是连通洋和洋、洋和海或是海和海之间的天然水道，会成为海上交通的要道，如连通大西洋与太平洋的麦哲伦海峡，连通地中海与大西洋的直布罗陀海峡等。

Tips 第五个大洋是怎么回事？

一些科学家认为，南纬60°和南极洲之间的海域具有独特特征，因而将那里定义为第五个独立大洋——南大洋。

海水为什么是咸的？

海水是一种成分复杂的混合溶液，其中含有氯化钠、氯化镁等很多盐类物质。正因如此，海水的味道又咸又苦。

人们用盐度来表示单位海水中所含盐类物质的质量。根据科学家测算，世界海洋的平均盐度约为 35‰，也就是 1000 克海水中平均含有 35 克盐类物质。

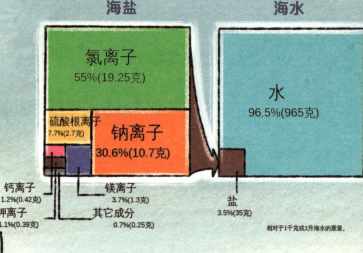

海盐

氯离子
55%(19.25克)

硫酸根离子
7.7%(2.7克)

钠离子
30.6%(10.7克)

钙离子
1.2%(0.42克)

钾离子
1.1%(0.39克)

镁离子
3.7%(1.3克)

其它成分
0.7%(0.25克)

海水

水
96.5%(965克)

盐
3.5%(35克)

相对于1千克或1升海水的重量。

按这个比例计算，海水中溶解的盐多达 4.8×10^{19} 千克。如果将全部海水蒸发，把沉淀下来的盐均匀地铺在地球表面上，厚度可达 45.5 米。

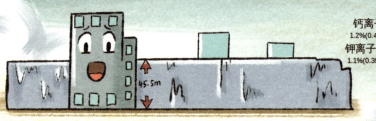

45.5m

海盐的来源多种多样。河水、地下水侵蚀岩石后，将大量矿物质带入海中；海底的火山释放的二氧化碳、氯气等也会进入海水中。

海洋中的总盐量基本稳定，但不同海域的盐度各不相同。海水的温度越高，盐度越高；蒸发量越大，盐度越高；降水量越大，盐度越低。

海洋表面平均盐度和温度按纬度分布的曲线

南北回归线附近的副热带海域，炎热少雨，蒸发量大于降水量，因而海水盐度最高。

赤道附近虽然温度最高，蒸发强烈，但降水也十分丰沛，因此这里的海水盐度要低一些。

从副热带到两极地区，海水的温度逐渐降低，盐度也随之逐渐降低。

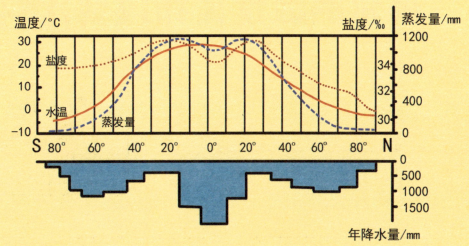

在靠近陆地的区域，海水盐度还会受入海河流的影响。河水是含盐量很低的淡水，因此有大河注入的海域，海水盐度一般会明显比周围海域低。亚马孙河水量巨大，以至于距离河口85千米处的表层海水，还可以供人直接饮用。

海水中的许多盐类物质对人类有很高的利用价值。如用海水晒盐具有悠久的历史，还可利用海水制碱，从海水中提取镁、溴等资源。

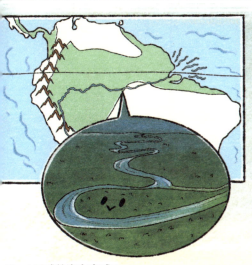

Tips 1 最咸的海有多咸？

位于非洲东北部与阿拉伯半岛之间的红海，盐度超过 40‰，是世界上盐度最高的海域。

Tips 2 最淡的海在哪里？

位于斯堪的纳维亚半岛和欧洲大陆间的波罗的海，盐度不到 10‰，是世界上盐度最低的海域。

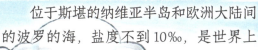

海水的温度是如何变化的？

温度是海水的基本性质，与海洋吸收和消耗的热量有关。太阳辐射是海洋获得热量的主要来源，而海水的蒸发则会带走大量热量。

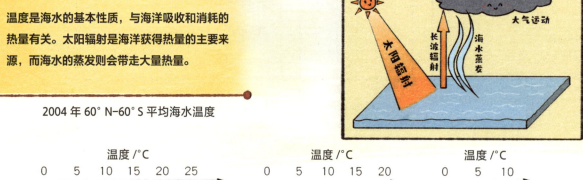

2004 年 60°N–60°S 平均海水温度

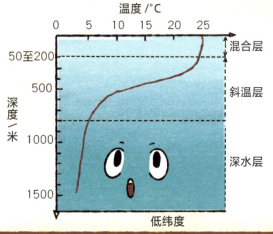

低纬度

中纬度

高纬度

海水的温度随水深的变化而变化，形成三层：

水深 100 米内的表层海水，有阳光照射，温度最高。

水深 100～1000 米间是一个过渡层，随着深度增加，温度迅速下降。这一层因此也被称为"温跃层"。

1000 米以下的深层海水几乎接受不到阳光照射，寒冷而黑暗，温度接近 4℃。

　　表层海水的温度与纬度位置直接相关，从低纬向高纬逐渐降低。赤道附近太阳辐射强烈，海水温度较高；而极地附近太阳辐射较弱，海水温度则接近 0℃。

　　表层海水的温度还受到季节的影响，夏季水温更高，冬季水温较低。不过海洋温度的变化要比陆地上小很多。

海水温度会影响海洋生物的分布。大多数海洋生物生活在接近海面的地方，深度越深，海洋生物的数量和种类就越少。

不同的海洋生物会根据自己的生活习惯选择不同的海域生活。有的生活在浅海，有的生活在深海；有的选择温暖的海域，有的则选择寒冷的海域。

比如说，大西洋旗鱼主要在接近海面的地方活动，安康鱼却生活在深海；罗非鱼大多生活在热带的海域，而鳕鱼则分布在中高纬度相对寒冷的海域。

不同季节中海水温度的变化，还会导致有些海洋生物进行季节性的迁徙，追逐更适宜的温度。

近海面

热带的海域

寒冷的海域

深海

Tips 海水会结冰吗？

由于含有大量盐分，海水的冰点比淡水要低一些，-2℃才会结冰。在寒冷的南北极地区有大面积的海冰。

海水的密度受哪些因素影响？

密度是单位体积的物质的质量。纯水在4℃时密度最大，是1克/立方厘米。也就是说，边长为1厘米的立方体的水，质量是1克。

海水中溶解了很多盐类物质，因而密度会比淡水更大。在4℃时，海水的平均密度约为1.03克/立方厘米。

1厘米

1克

不同区域的海水密度各不相同，温度、盐度和深度都会影响海水密度的大小。

海水的盐度越高，就代表溶解的盐类物质越多，海水的密度自然越大。

海水的深度越大，受到的压力就越大，海水就会被挤压得更密实，密度也就变得更大。不过与盐度、温度比起来，深度对密度的影响很小。

温度/℃　　　　　　　　　　　盐度 ———　　盐度/%

　　　　　　　　　　　　　　　温度 ------

30　　　　　　　　　　　　　　　　　　3.6

20　　　　　　　　　　　　　　　　　　3.5

10　　　　　　　　　　　　　　　　　　3.4

0　　　　　　　　　　　　　　　　　　3.3

-10　　　　　　　　　　　　　　　　　3.2

南纬 60　40　20　0　20　40　60 北纬

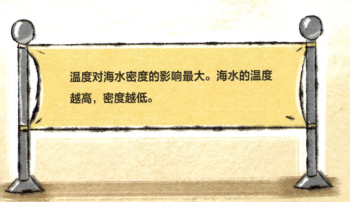

温度对海水密度的影响最大。海水的温度越高，密度越低。

水温升高时，水分子运动更剧烈，水分子之间的距离增加，单位体积中的水分子数量减少，密度随之下降。

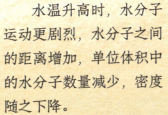

水温下降时，水分子运动变慢，彼此间的距离减小，单位体积中的水分子数量增加，密度变得更大。这其实就是人们常说的"热胀冷缩"现象。

由于热带地区表层海水温度最高，因而海水的密度最小；极地地区表层海水的温度最低，因而海水的密度最大。

高密度层

密度跃层

低密度层

海中断崖

海底

Tips 1 "海中断崖"是什么?

在一些特殊区域，可能会出现海水密度随深度增大而减小的异常情况，被称为"海中断崖"。潜艇如果遇到"海中断崖"，有可能出现事故，甚至艇毁人亡。

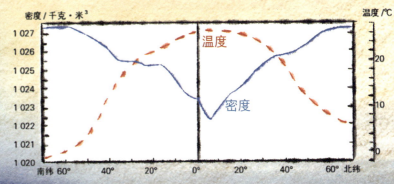

Tips 2 冰为什么会浮在海面上?

冰的密度比水小，约为 0.92 克 / 厘米3，因此可以漂浮在海面上。

波浪是如何形成的？

海洋在不断地运动着，其中最常见的一种运动形式是波浪。只要站在大海边，就能看到层层叠叠的波浪不断涌上海岸，始终不曾停息。绝大多数波浪是由风吹出来的。在开阔的海面上，微风吹过，将能量传递给海水，带起轻盈的细浪。风力越大、持续的时间越长，波浪也就越高。

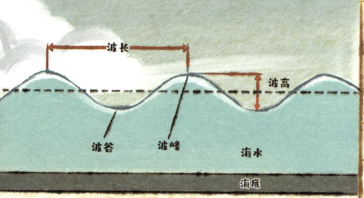

波浪传播方向	
波长	两个相邻的波峰或波谷之间的水平距离。
波峰	波浪的最高点。
波谷	波浪的最低点。
波高	波峰与波谷之间的垂直距离。

从表面上看，波浪似乎不断将海水推向岸边，但实际上并非如此。

在波浪通过时，每一个水分子只是借助波浪的能量做圆形的循环运动，然后回到原来的位置。

距离水面越远，水分子运动的幅度就越小。在一定的水深下，水分子不会再发生运动了。

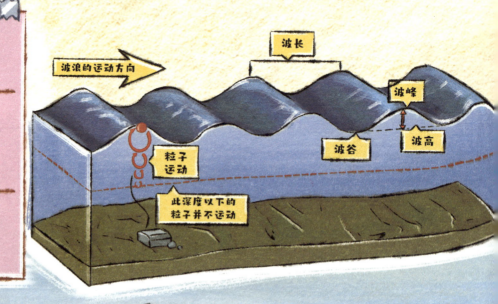

在波浪靠近岸边时，由于水深逐渐减小，波浪和海底发生摩擦，波浪的速度减小，高度逐渐增加。

波浪最终会由于高度过高而破碎，拍击在海岸上。一朵朵白色的浪花，就是破碎的海浪。

浪高越大，携带的能量就越大。持续不断的波浪，就这样不断改变着海岸的面貌。

当风力特别强劲时，靠近海岸的海面会急剧升降，形成风暴潮。热带、温带的很多沿海地区会受到风暴潮的威胁。

除风以外，海底地震、火山爆发和水下滑坡等特殊的现象，也可能引起海水的剧烈波动，形成巨浪。这就是人们常说的海啸。海啸和风暴潮能量巨大，往往给沿岸地区带来灾难性的后果。

拍岸浪区域

涌浪

碎浪

海滩

波高增加

波浪方向

海底地震

Tips 有什么办法可以减小海啸和风暴潮的危害呢？

人们可以通过修建海堤、种植海岸防护林等方式加强海岸的抵御能力。同时，做好预报工作也非常重要。

什么力量引起了潮汐？

海水在海岸线上的升降现象，就是潮汐。涨潮时，海滩上的水位逐渐上升，淹没更多陆地；退潮时，海水慢慢回落，露出更多陆地。

潮汐有规律的周期。水位到达最高点时，称为高潮；落到最低点时，称为低潮。通常在一天中可以观察到两次高潮和两次低潮。

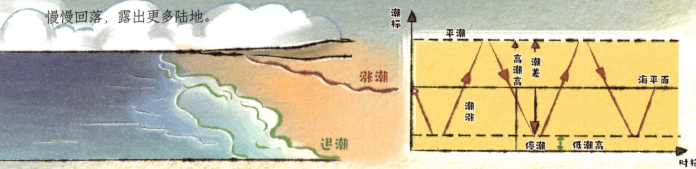

与大多因风力形成的波浪不同，潮汐的形成与月球和太阳有关。如此遥远的天体如何影响到地球上的海洋呢？这种"神秘的力量"就是"引力"。

月球对地球上靠近它一侧海水产生的拉力，要比对地球其他部分的拉力更大。这一力量就会使得面向月球一侧的海水凸起。

相反，月球对离自己较远一侧海水的引力，就要比对地球其他部分的引力弱一些。于是这部分海水也会形成一个凸起。

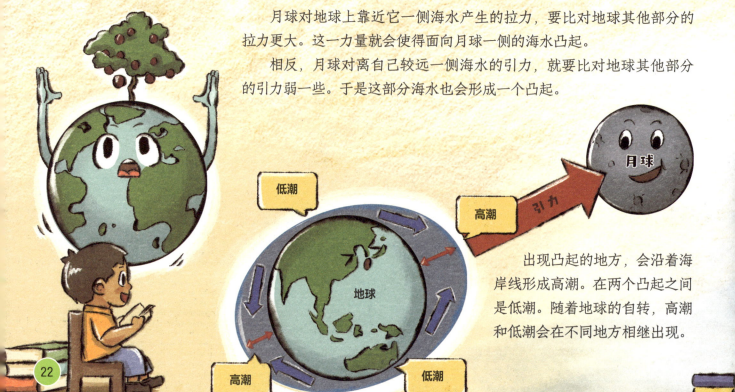

出现凸起的地方，会沿着海岸线形成高潮。在两个凸起之间是低潮。随着地球的自转，高潮和低潮会在不同地方相继出现。

太阳的引力吸引地球绕太阳旋转，自然也会影响到地球上的海水。在一个月中，地球、月球和太阳三者的位置变化，会影响每天潮水的高度。

在农历每月的初一（新月）和十五（满月）前后，地球、太阳和月球的位置形成一条直线。这时太阳和月球的引力叠加在一起，形成最明显的潮水高度变化，称为"大潮"。

当地球、太阳和月球的位置成直角时，太阳和月球从不同的方向吸引地球上的海水，相互抵消了一部分影响，潮水高度的变化很小，称为"小潮"。

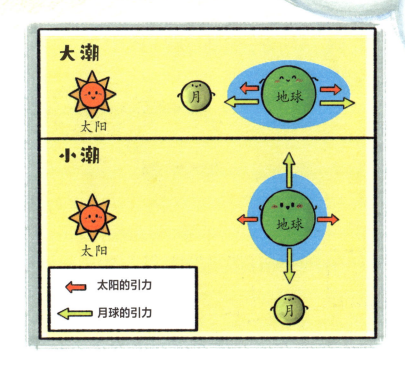

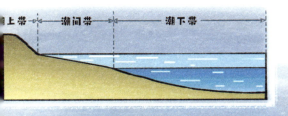

"潮间带"是指退潮时露出水面、涨潮时被水淹没的海岸地带。这里是很多生物的家，它们依赖于这里多变的自然环境，形成了独特的生活习性。

Tips1 潮和汐有什么不同?

中国古人将白天的海水涨落称为"潮"，夜晚的海水涨落称为"汐"，合称"潮汐"。

Tips2 为什么钱塘江大潮最有名?

钱塘江口处在外宽内窄、呈喇叭形的杭州湾。涨潮时大量海水涌入狭窄的港湾，水位上涨更为明显，因而形成了"壮观天下无"的钱塘江大潮。

洋流是如何形成的?

就像陆地上的河流一样，在浩瀚的海洋中也有一种特殊的水流——洋流。虽然没有河流那么清晰的河道，但是洋流也会常年沿一定方向稳定地流动。

不过与河流比起来，洋流的规模要大许多。它们的宽度大多有几十千米，深度可达数百米，而流动的距离更可能超过数千千米。

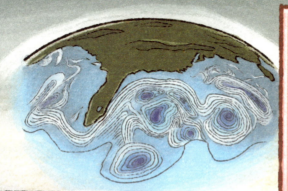

表层洋流

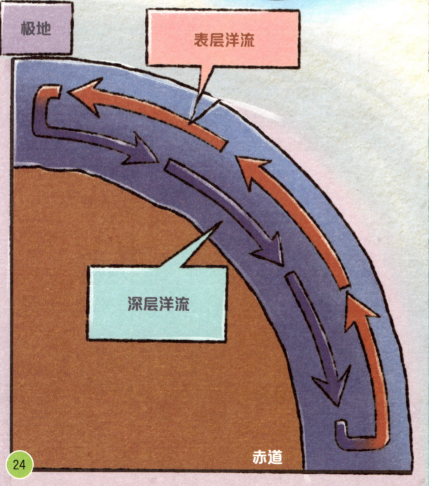

极地

表层洋流

深层洋流

赤道

深层洋流

表层洋流主要由风吹动形成，因而也被称为"风海流"。常年盛行的风持续不断地吹拂海面，推动接近海面的海水随着风的方向流动，形成洋流。

　　表层洋流在长距离的运动中，受到地转偏向力的影响，方向会出现偏转。北半球向右偏，南半球向左偏。

　　表层洋流遇到大陆时，也会被迫改变流动的方向。

　　在海洋深处也有一种沿着海底缓慢运动的洋流。这种深层洋流是由海水的密度差异引起的。表层洋流携带着温度较高、密度较小的海水流向极地地区。

　　在极地地区，海水的温度下降，密度上升，因而逐渐下沉到海底。下沉后的海水沿着海底向赤道流动，形成深层洋流。

　　到达赤道地区后，海水的温度上升，密度减小，因而逐渐上升到水面。

　　深层洋流的速度要比表层洋流慢许多。完成一次从赤道到极地再回到赤道的循环，约需要 1000 年的时间。

上升流

　　当风吹走大量海洋表面的海水时，下层的冷水会上升来补充，形成上升流。

25

表层洋流是怎样分布的?

从整体上看，全球的表层洋流在各个大洋上形成了顺时针或逆时针方向的环流运动。

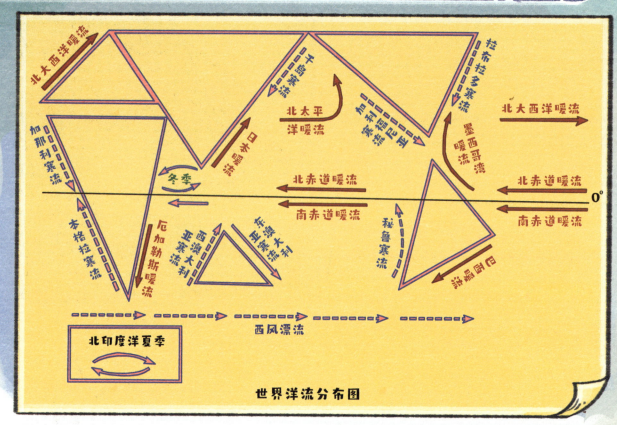

世界洋流分布图

（图中标注：北大西洋暖流、千岛寒流、拉布拉多寒流、北大西洋暖流、加那利寒流、北太平洋暖流、加利福尼亚寒流、墨西哥湾暖流、日本暖流、北赤道暖流、北赤道暖流、冬季、南赤道暖流、南赤道暖流、0°、本格拉寒流、厄加勒斯暖流、西澳大利亚寒流、东澳大利亚寒流、秘鲁寒流、日本暖流、西风漂流、北印度洋夏季）

在赤道附近，受信风影响，形成自东向西流动、横贯整个大洋的北赤道暖流和南赤道暖流。赤道暖流遇到西侧的大陆后，被迫向南北两侧流动，形成暖流。

（图中标注：纽芬兰岛、北大西洋暖流、佛罗里达半岛、西印度群岛、北回归线）

墨西哥湾暖流从墨西哥湾开始沿北美洲东岸北上，再向东横贯大西洋到达欧洲西海岸，最终流入北侧的北冰洋，是全球规模最大的暖流之一。

日本暖流又称为"黑潮"，是北赤道暖流向北转向形成的，是北太平洋西部最强的暖流。

在南北纬 40°～60° 之间，受西风影响，形成了自西向东流动的西风漂流。在北半球，西风漂流在大洋上形成了北太平洋暖流和北大西洋暖流，它们分别是日本暖流和墨西哥湾暖流的延续。

在南半球，由于没有陆地的阻隔，形成了环绕南极洲、连续不断的西风漂流，这是全球最强劲的洋流。如果坐船前往南极洲，都要穿过这片恐怖的"咆哮西风带"。

西风漂流遇到东侧的大陆后，又分成南北两支。流向赤道方向的形成寒流，流向极地方向的形成暖流。

秘鲁寒流从智利南端沿南美洲西海岸流向赤道，是一支极为强大的寒流，也是一支典型的上升流，将大量深层的海水和养料养分带到海面。

北印度洋受到周围陆地的影响，形成了随季节发生变化的季风漂流系统。冬天，在东北季风的作用下，形成逆时针旋转的洋流；夏天，在西南季风的作用下，形成顺时针旋转的洋流。

Tips 什么是寒流和暖流？

按海水的温度，可将洋流分为暖流和寒流。一般来说，从水温高的海域流向水温低的海域的洋流，叫暖流；从水温低的海域流向水温高的海域的洋流，叫寒流。

27

洋流会产生哪些影响？

洋流使整个世界的海水都运动、混合了起来，有利于海洋水体的交换和更新。全球的洋流系统，将热带地区充足的热量输送到寒冷的极地地区，对调节全球的热量分布有着重要意义。

暖流会给流经的区域带来更高的温度、更多的水汽，从而改善当地气候。

欧洲气候图

北大西洋暖流

北极圈
摩尔曼斯克
北极
芬兰
挪威
冰岛
阿拉斯加
加拿大

西欧地区温暖湿润的温带海洋性气候，得益于强大的北大西洋暖流。由于暖流的存在，接近极圈的冰岛和挪威依然适宜人类生活。

摩尔曼斯克位于北极圈内，是俄罗斯最大的北方港口。同样受暖流的影响，这里的海水终年不冻，极大地便利了海上交通。

寒流流经的地区则会产生完全相反的影响——温度更低，水汽更少。

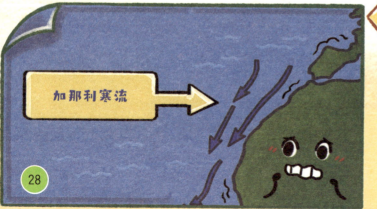

加那利寒流

加那利寒流流经非洲西北部，使原本十分干旱的非洲北部地区更加干旱，扩大了撒哈拉沙漠的规模。

洋流是巨大的"传送带"，会将海水中的物质、生物和其他各类东西，运送到全球各地。寒暖流交汇的海域，海水受到扰动，可将深层海水中的海洋微生物、矿物质和其他养分带到海洋表层。上升流也有同样作用。

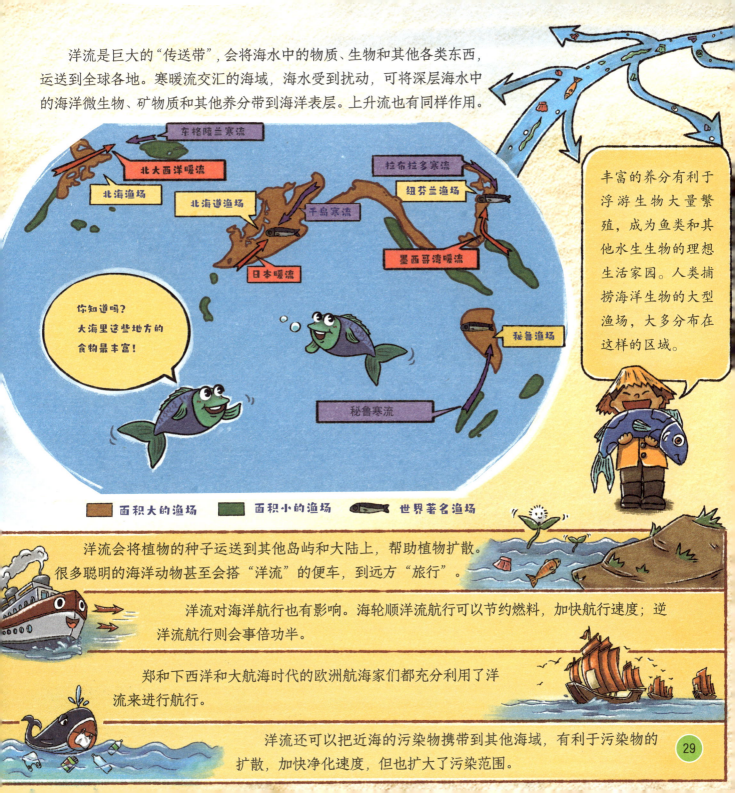

东格陵兰寒流

北大西洋暖流

北海渔场

北海道渔场

千岛寒流

拉布拉多寒流

纽芬兰渔场

墨西哥湾暖流

日本暖流

你知道吗？
大海里这些地方的食物最丰富！

秘鲁渔场

秘鲁寒流

丰富的养分有利于浮游生物大量繁殖，成为鱼类和其他水生生物的理想生活家园。人类捕捞海洋生物的大型渔场，大多分布在这样的区域。

面积大的渔场　　　面积小的渔场　　　世界著名渔场

洋流会将植物的种子运送到其他岛屿和大陆上，帮助植物扩散。很多聪明的海洋动物甚至会搭"洋流"的便车，到远方"旅行"。

洋流对海洋航行也有影响。海轮顺洋流航行可以节约燃料，加快航行速度；逆洋流航行则会事倍功半。

郑和下西洋和大航海时代的欧洲航海家们都充分利用了洋流来进行航行。

洋流还可以把近海的污染物携带到其他海域，有利于污染物的扩散，加快净化速度，但也扩大了污染范围。

29

海洋为人类提供了哪些资源？

海洋蕴藏着丰富的资源，为人类提供了很多不可或缺的生活必需品。

生物资源

三文鱼、带鱼、扇贝、蛤蜊、龙虾、螃蟹、海带……相信你一定吃过！海洋生物是我们日常饮食中不可或缺的一部分。

早在远古时代，人类已经开始捕捞和采集海产品。现在，海洋捕捞活动从浅海扩张到世界各个海域。

正因如此，尽管沿海地区的面积只占全球海洋面积的不到10%，但渔获量却超过世界海洋总渔获量的90%。

从海洋生物中提取的物质可以用来制造清洁剂、化妆品、药品等很多生产、生活用品。

海洋中的生物资源分布并不均匀，大多集中在温带的沿海地区。那里阳光充足、光合作用充分，入海的河流又带来了丰富的养分，利于浮游生物的繁殖，为鱼类等海洋生物提供了充足的食物。

海水养殖业也有很大发展。人们在近海固定区域内建立适合海洋生物生长的环境，人工培养特定的物种，更持续稳定地获得这些水产。

矿产资源

海洋生物死后，残骸沉入海洋底部，被逐渐掩埋。经过数百万年的演变，这些残骸就可能转化为石油和天然气。因此，海底很多区域蕴藏着丰富的石油和天然气资源。人们通过海上的钻井平台，可以开采海底能源，并通过油轮或输油管道运送到陆地上，供生产、生活使用。海洋中还蕴藏着镁、磷、硫、砂石、锰结核等多种多样的矿产资源。

水资源

海洋中有着更丰富的水资源。随着技术的进步，很多缺少淡水的海岛和干旱地区，开始通过海水淡化技术从海洋中获取淡水资源。

空间资源

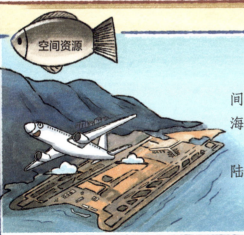

海洋面积辽阔，可以为人类活动提供广阔的空间。人们修建港口、海底隧道、海上桥梁、海底电缆、海底仓库等各种设施，充分利用海洋空间。

很多土地稀缺的国家和地区，通过填海造陆的方式获得更多的土地。

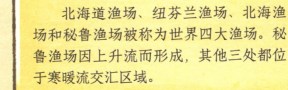

Tips 世界上有哪些著名的渔场？

北海道渔场、纽芬兰渔场、北海渔场和秘鲁渔场被称为世界四大渔场。秘鲁渔场因上升流而形成，其他三处都位于寒暖流交汇区域。

# 我们应如何更好地保护海洋？

生态破坏	人类的生产活动和自然环境的变化，都会使海洋生态环境遭到破坏。 随着技术的进步，人们可以越来越快速地捕捞到大量海洋生物。但是，这也导致很多海洋生物的数量减少，一些物种甚至濒临灭绝。 在海岸进行大规模的工程建设和填海造陆，会破坏原有天然海岸。很多生活在海岸附近的动物和植物失去了生活的家园。 全球气候变暖也会改变海洋的生态。海洋温度的上升导致珊瑚白化，造成大量珊瑚死亡。原本生机勃勃的珊瑚礁生态系统逐渐走向凋零。
海洋污染	农业生产和工业发展产生的废弃物，造成严重的海洋污染，特别是在沿海的工业城市和大型港口附近。人类抛弃的垃圾大量进入海洋中。 核电站和工厂排出的冷却水，温度较高，流入海洋中会影响海洋生物的生存。 种植农作物使用的化肥和农药，会随着雨水流进河流，最终汇入海洋，造成海水污染。 海上石油钻井平台和油轮的事故，会造成石油泄漏，污染水域，影响很多水生生物和鸟类的生存。
保护海洋	全球的海洋是一个整体，世界各国必须通过合作来共同管理和保护海洋。 近年来，国际间的合作越来越多，通过设立海洋保护区、控制捕鱼数量、制定安全油轮建造规定、控制温室气体排放等不同方式，更好地保护海洋环境。

什么是河流系统?

河流是地表有水流动的线状天然水道。一条河流可以分为河源、上游、中游、下游、河口五个部分。

分水岭

相邻河流之间分水的高地。降落在分水岭两侧的降水，会分别流入不同的河流，比如秦岭就是黄河和长江的分水岭。

支流

流入干流的小河就是支流。

流域

一条河流的全部集水区域。也就是说，在这个区域内，所有地上、地下的水最终都会汇入到这条河流中。

二级支流 一级支流 分水岭 干流 河口 二级支流 一级支流 分水岭

水系

大大小小的支流和干流组成的河流网络，称为"水系"。根据支流和干流的不同位置组合，会形成不同形状的水系。

扇状水系

来自不同方向的支流比较集中地汇入干流，流域整体呈扇子的形状，比如华北平原上的海河水系。

羽状 水系	支流从左右两岸比较均匀地相间汇入干流，就像鸟类羽毛的形状。江南的钱塘江水系即是如此。	
树枝状 水系	支流众多，分布不规则，各支流交错相交，和自然生长的树枝形状相近。大多数河流的形状属于此类。	
平行状 水系	几条支流平行排列汇入干流。这种水系主要是受平行山脉的影响，横断山脉的河流是典型的实例。	
格状 水系	支流和干流几乎都以直角相交，似乎给大地打上了格子。位于福建的闽江水系就是这种独特的面貌。	
放射状 水系	中间高、四周低的区域，河流会由中部向四周放射状流动。我国台湾中部有高大的台湾山脉，这里的河流就呈放射状，从中心向四周流入大海。	
向心 水系	在中间低、四周高的盆地，河流会由四周流向中心。	

河流有哪些特征？

从家门口的小溪到宽阔的大河，从湍急的水流到平缓的河面，河流的形态千变万化。地理学家用很多不同的指标描述河流，帮助我们更好地了解不同河流的特征。

 **水位**

水位是指河流某一时刻水面相对于某一基准的高度，通常地理学家会以海平面的高度作为基准。

水位和流量直接相关，流量越大，水位越高。因此，河流流域内的降水、冰雪消融状况，都会直接影响流量和水位。

持续的降水可能导致水位大幅上涨，形成洪水，威胁河流两岸的安全。一旦水位超过河流堤岸的高度，溢出河道，就会带来灾难性的后果。

保证水位

警戒水位

设防水位

武汉河段堤防

 **流速**

流速是指河水在单位时间内移动的距离。同一条河流在不同河段的流速不同。

一般来说，河流流速在上游河段最大，中游河段较小，下游河段最小。这是因为流速和河道的陡峭程度直接相关。

流速快

流速慢

 流量

流量是指单位时间内，通过河流某一断面的水量。不同河流的流量差异很大。

世界上流量最大的河流是亚马孙河，达到每秒 21.9 万立方米，超过尼罗河、长江、密西西比河的流量之和。

 含沙量

河流流动过程中，会携带有很多泥沙和岩石碎屑。单位体积的河水中所含的泥沙重量，就称为"含沙量"。不同的河流含沙量差异很大。

黄河是一条含沙量极大的河流，黄河之名也因河水中泥沙多、水色浑黄而得。古书中说"黄河斗水，泥居其七"。实测资料表明，黄河的含沙量约为 35 千克／立方米，居世界大江大河之冠。

黄河流经了土质疏松、植被稀少的黄土高原区，集中的降雨将大量泥沙冲入黄河之中，大大增加了河流的含沙量。

冰情

在温暖地区，河流终年不会结冰；但在寒冷地区，河水会在冬季结冰。寒冷天气持续的时间越长，河流结冰的时间就会越长，极大地影响到河流的航运能力。

在春季解冻时，如果河流上游先解冻，就会有大量冰块堆积在下游形成冰坝，引起上游水位升高、泛滥成灾的现象，这称为"凌汛"。黄河就常会发生这样的灾害。

湖泊是如何形成的?

湖泊是被陆地包围的一片水体。在地表低洼凹陷的地方,就会形成各种不同类型的天然湖泊。

构造湖

在断层等地质构造运动产生的凹陷中,积水形成的湖泊。这类湖泊往往湖岸陡峭,深度很大。

著名的贝加尔湖就是由地层断裂陷落而形成的。它是世界最深的湖泊,最深处达 1637 米,储存着全球可利用淡水的 20%。

火口湖

在火山喷发停止后的火山口内积水形成的湖泊。受火山口形状的影响,湖泊一般比较圆,水深也比较大。

位于中国和朝鲜边境的长白山天池就是典型的火口湖。

堰塞湖

火山喷发的熔岩流截断河道,会形成熔岩堰塞湖。黑龙江的镜泊湖就是火山熔岩截断了牡丹江后形成的,是世界第二大高山堰塞湖。

地震、滑坡、泥石流等自然灾害有时也会将大量沙石带到河谷,堵塞河流,形成堰塞湖。西藏东南地区的然乌湖和易贡错都是堰塞湖。

冰川湖

冰川的运动会不断侵蚀地表，留下很多凹地，进而积水成湖。这些湖泊大小不一，形态各异，成群分布。

留下很多凹地，冰川融化后，积水成湖。在高山上，冰川侵蚀出的冰斗在冰川融化后，会形成冰斗湖。

青藏高原、芬兰、瑞典、加拿大等冰川众多的地区，都有大量的冰川湖。

河成湖

因改道、裁弯取直、淤积等原因使原有河道脱离河流而形成的湖泊。河成湖与河流关系紧密，一般水深较浅。

亚马孙平原上，大量因河道变化而形成的牛轭湖，就是河成湖的例子。

牛轭湖

人工湖

通过修建大坝可以形成人工的湖泊，也就是水库。水库可以为人类提供饮用水，用来灌溉农田、航运、防洪和娱乐。三峡水库、千岛湖都是人工湖。

湖泊是静止不变的吗?

看似平静的湖泊一直处在不断的变化中。面积大小、湖水多少、温度冷热、盐分高低、养分情况甚至是湖泊的颜色，都会随季节的变化而变化。

在风的吹拂下，湖水也会形成高低起伏的波浪。站在苏必利尔湖、青海湖等大湖的岸边，欣赏拍击湖岸的浪花，就仿佛站在大海边一样。

湖泊中的水有不同的来源。降水、河流、地下水、冰川融水都可能流入湖泊中，增加湖泊的水量。

湖泊中的水也会蒸发、下渗或是顺着河流流出湖泊，湖泊的水量就会减少。

湖泊的面积会随着湖泊水量的变化而变化。如果进入湖泊的水量多于流出湖泊的水量，湖泊的面积会增大；反之，湖泊的面积会减小。

湖泊中的含盐量各不相同。按含盐量的多少，可将湖泊分为淡水湖、咸水湖和盐湖。

淡水湖每升湖水的含盐量不到1克。一般来说，与河流、海洋连通的湖泊是淡水湖。因为这些湖中的水会不断流出，盐分不容易积累在湖中。

咸水湖每升湖水的含盐量在 1 ~ 35 克间。内陆湖多是咸水湖，湖水只流进不流出，所有盐分都留在了湖水中，盐分越来越高。

如果湖水中的盐分进一步增多，超过每升35 克，就称为"盐湖"。咸水湖经过长时间的水分蒸发和盐分积累，最终几乎都会变成盐湖。

> 氧气越来越少了。

> 我快憋死了。

湖泊中生活的生物也会改变湖泊的面貌。生物排放的废弃物和死后的残骸，为藻类生长提供了必要的氮、磷等养分。

时间久了，湖水中的养分越来越多，就会形成富营养化。富营养化导致藻类疯长，消耗氧气，遮挡阳光，湖泊中的其他生物大量死亡，影响湖泊健康。

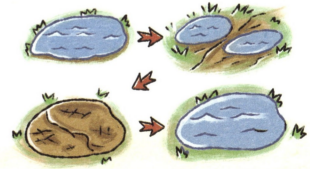

长期来看，湖泊可能会因为富营养化、水源枯竭或是泥沙沉积变多，而慢慢变小，走向消亡。与此同时，在很多地方又会有新的湖泊出现。

Tips 什么是内流湖和外流湖？

能通过河流最终流入海洋的湖泊是外流湖，与海洋隔绝的湖泊就是内流湖。

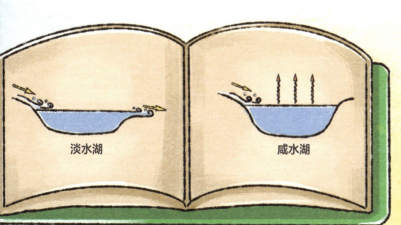

淡水湖

咸水湖

什么是湿地？

湿地是指常年被积水覆盖的地面。传统上，湿地主要指沼泽。而广义的湿地还包括近海和海岸湿地、河流湿地、湖泊湿地及人工湿地。

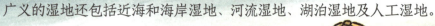

沼泽湿地

沼泽一般在地势平坦或略微低洼的地方形成，土壤中含有大量水分和厚厚的泥炭层，生长着适合这种湿润环境的沼泽植物。

救命！

发生过滤、沉淀　含污水的径流　净化后的水　过滤吸附污染物

草本沼泽是覆盖着一层浅水的草地，蒲草等草类植物生长茂盛。三江平原的大片沼泽就属于这一类型。

按照沼泽中主要植物的不同，可将沼泽分为草本沼泽、木本沼泽和泥炭藓沼泽。

木本沼泽看起来就像是发了洪水的森林，高大的乔木和低矮的灌木都生长在水中。这种沼泽在东北大兴安岭和小兴安岭地区多有分布。

泥炭藓沼泽往往出现在寒冷的地方，土壤养分缺乏，只能生长泥炭藓等苔藓类植物。四川若尔盖沼泽是这类沼泽的代表。

近海和海岸湿地

海洋和陆地交界地带的湿地，包括滩涂、河口、三角洲、红树林和珊瑚礁等各种类型。

河流湿地

因河流而形成的河床、河滩、三角洲、洪水泛滥区等湿地。

湖泊湿地

地面上充满水的自然洼地所形成的湿地。既有辽阔的湖泊，也有小小的池塘。

人工湿地

人类为了更好地利用自然而建设或改造的湿地。水库、运河、稻田、盐田、淡水和海水养殖场等都属于人工湿地。

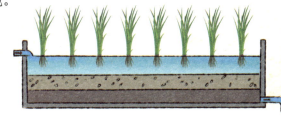

湿地能提供充足的水分和养分，是众多生物的家园。湿地的面积虽然仅占地球表面的6%，却为地球上20%的物种提供了生存环境，是完美的"大自然基因库"。

湿地是天然的水质净化厂，被誉为"地球之肾"。当污水流经湿地时流速减缓，湿地中的土壤、微生物、植物共同作用，将水中的污染物质吸附去除，达到净化水质的目的。

湿地还能吸收大量的降水和地表径流，像一块巨大的海绵，可减小洪水的规模，减轻洪水的破坏程度。

地下水是如何储存在地下？

以各种形式储存于地表以下岩石中的水，统称为"地下水"。地下水是重要的淡水资源。

如果你把水倒入一个放满鹅卵石的杯子，水会通过鹅卵石缓缓流到杯底。最终，水会从下向上填满鹅卵石间的所有空隙。地下水就是以类似的方式，从地表下渗到地下，储存在岩石的孔隙中。

不同类型的岩石和土壤，孔隙的大小不同。孔隙的大小会影响地下水通过岩石和土壤的难易程度。

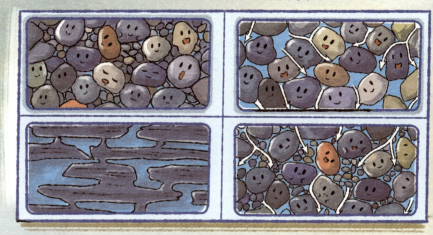

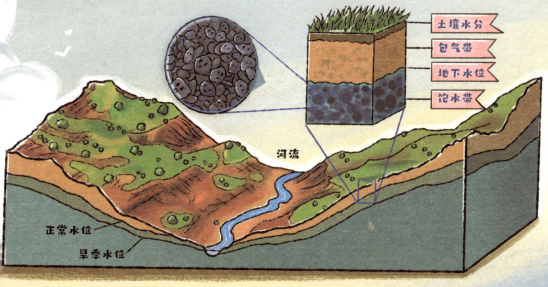

土壤水分

包气带

地下水位

饱水带

河流

正常水位

旱季水位

包气带

地下水位以上的岩层，称为"包气带"。包气带中也含有一些水分，但远不到饱和。空气占据了大部分的岩石孔隙。

饱水带

所有孔隙都被地下水完全填满的岩层，称为"饱水带"。

地下水位

饱水带的顶端，就是地下水位。不同地点的地下水位高低差距很大。在沼泽地区，地下水位几乎接近地表；在河谷中，地下水位距离地表一般只有几米；而在小山上或干旱地区，地下水位可能在地表下数十到数百米。地下水位的高低，会受到降水的影响。多雨的季节，雨水大量下渗，地下水位会上升；干旱的季节，蒸发强烈，地下水位会下降。

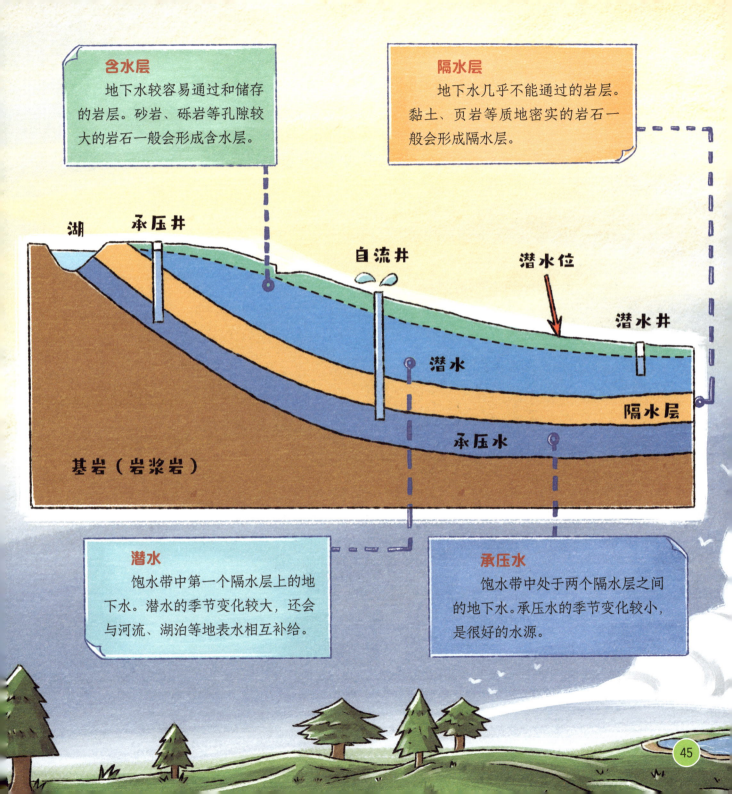

含水层
地下水较容易通过和储存的岩层。砂岩、砾岩等孔隙较大的岩石一般会形成含水层。

隔水层
地下水几乎不能通过的岩层。黏土、页岩等质地密实的岩石一般会形成隔水层。

湖　承压井

自流井

潜水位

潜水井

潜水

隔水层

承压水

基岩（岩浆岩）

潜水
饱水带中第一个隔水层上的地下水。潜水的季节变化较大，还会与河流、湖泊等地表水相互补给。

承压水
饱水带中处于两个隔水层之间的地下水。承压水的季节变化较小，是很好的水源。

45

人们如何获取地下水？

自古代起，人们就通过打井获取地下水，供日常生活中饮用和使用。

一般的井只需要挖到地下水位以下的潜水层，就能获得地下水。当从井中抽取地下水后，周围含水层里的水会来补充。如果抽取地下水的速度过快，超过补给速度，就会造成过度开采，导致井里的水位下降，在附近形成一个下降漏斗。

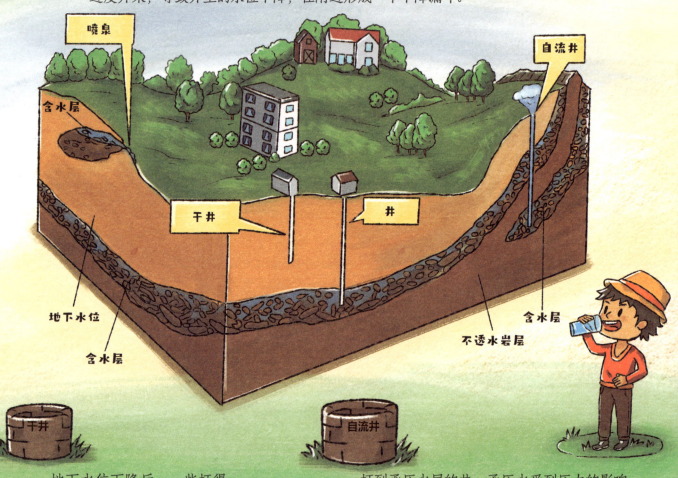

地下水位下降后，一些打得不够深的井会干涸。

打到承压水层的井。承压水受到压力的影响，可能会以喷泉的形式自己喷出地表。

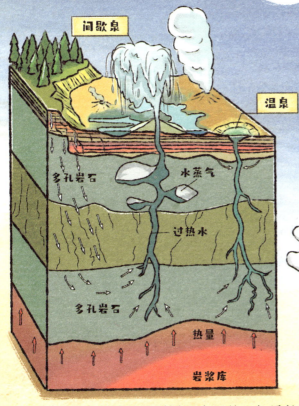

间歇泉

温泉

多孔岩石

水蒸气

过热水

多孔岩石

热量

岩浆库

泉

在一些特殊的地方，地下的含水层与地面相交，地下水会自然喷涌出地表，形成泉。

泉水的温度一般应与所在地区的平均温度相近。但有些地方的泉水受地热影响，会形成温度较高的温泉。在火山活动密集区域，还会见到热水和水蒸气喷涌而出的间歇泉。

地下水的补给是缓慢而有限的，如果长期过度开采地下水，就会导致地下水位下降，影响人们在未来的用水及生态系统的健康。过度开采地下水还会导致地面沉降。地下水原本和含水层的岩石和土体一起支撑着上方土壤和岩石的重量，地下水被抽走后留下大量孔隙，很容易被挤压下来。

在沿海地区，过量开采地下水，还可能引起海水入侵，导致地下水无法饮用。

工厂排放的废水、农业生产用水和生活污水都可能流入地下，污染地下水。甚至丢弃或填埋在土壤中的垃圾，也会缓慢渗透到地下水中，影响地下水的质量。

地面沉降

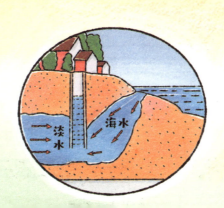

淡水

海水

冰川是什么?

冰川是由降雪积累形成的可以"流动"的巨大天然冰体。冰川需要较低的温度才能长期存在,因而主要分布在寒冷的南北两极和高山高原上。

冰川冰呈浅蓝色,是积雪经过压实、重新结晶后形成的,比一般的冰雪密度更大。

冰川的形成就像冬天打雪仗时,双手用力捏雪球的过程。只不过,形成冰川需要的力量要大得多。

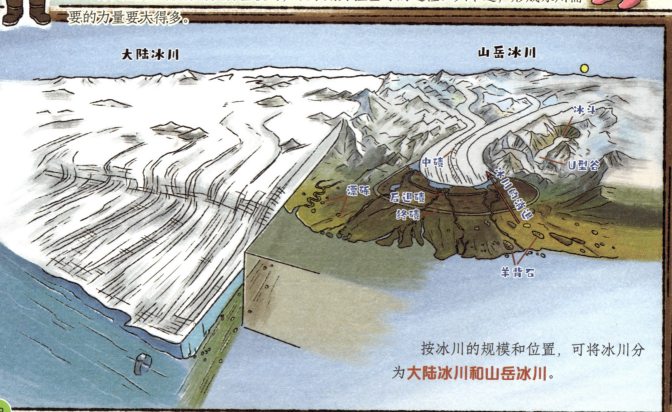

大陆冰川

山岳冰川

冰斗

U型谷

中碛

漂砾

后退碛

终碛

冰川前进

羊背石

按冰川的规模和位置,可将冰川分为**大陆冰川和山岳冰川**。

大陆冰川

　　大陆冰川中心凸起，像盖子一样覆盖在大陆上，因而又称为"冰盖"。这一类冰川规模庞大，面积可达数百万平方千米，厚度也会超过 1 千米。大陆冰川自中央向四周呈辐射状流动，边缘伸出巨大的冰舌进入海洋。冰舌末端断裂后就会成为浮冰。在比今天更为寒冷的冰河时代，大陆冰川曾经覆盖过地球上非常广阔的陆地。不过，今天已经只能在南极洲和格陵兰岛两个地方找到大陆冰川了。

山岳冰川

　　山岳冰川主要分布在各大洲的高山高原地区，以青藏高原最为集中。与大陆冰川相比，这类冰川的规模要小得多，最大不过数十千米长、数百米厚。山岳冰川通常源自山顶附近，在凹陷的冰斗中积累，然后沿着山坡"倾泻"而下，流入山谷中，冰川末端的冰舌甚至可以一直延伸到山脚下。

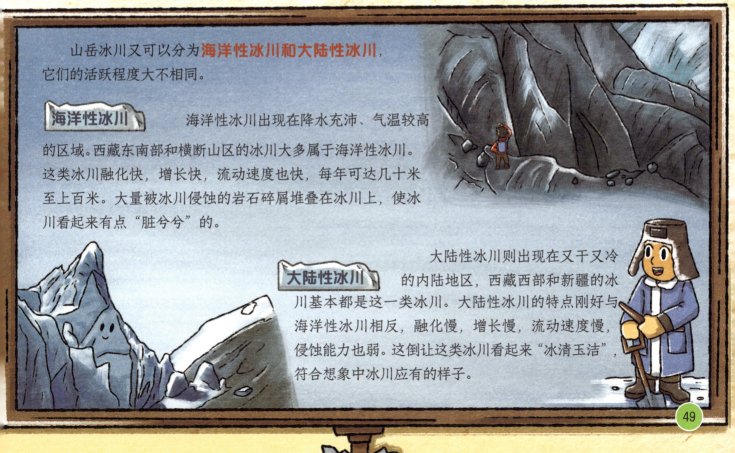

　　山岳冰川又可以分为**海洋性冰川和大陆性冰川**，它们的活跃程度大不相同。

海洋性冰川　　海洋性冰川出现在降水充沛、气温较高的区域。西藏东南部和横断山区的冰川大多属于海洋性冰川。这类冰川融化快，增长快，流动速度也快，每年可达几十米至上百米。大量被冰川侵蚀的岩石碎屑堆叠在冰川上，使冰川看起来有点"脏兮兮"的。

　　大陆性冰川则出现在又干又冷的内陆地区，西藏西部和新疆的冰川基本都是这一类冰川。**大陆性冰川**的特点刚好与海洋性冰川相反，融化慢，增长慢，流动速度慢，侵蚀能力也弱。这倒让这类冰川看起来"冰清玉洁"，符合想象中冰川应有的样子。

冰川消融会带来哪些后果？

冰川覆盖了全球 10% 以上的陆地面积，对全球的自然环境有着深刻影响。冰川末端的进退、厚度和面积的变化，都会反映出气候的状况，可谓是气候变化的指示器。

由于全球变暖，全球范围内的冰川正在加速融化。科学家预测，到 2050 年，全球约 1/4 的冰川会消失。

冰川能大量反射太阳光，从而降低地球的整体温度。而在冰川融化后，暴露的土地和海面颜色更深，吸收的太阳热量更多，全球变暖的速度也会加快，导致更多的冰川融化，形成难以停止的连锁反应。

HOT!

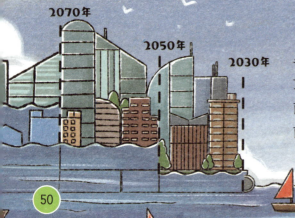

2070年

2050年

2030年

冰川融化会引起海平面上升，淹没沿海的土地。全世界近一半的人口生活在距离海岸 200 米的范围内，这将给他们带来"灭顶之灾"。在过去的一个世纪里，全球海平面上升了 10 ~ 25 厘米，而且这个速度还在加快。如果世界上所有的冰川全部融化，海平面约会上升 70 米。

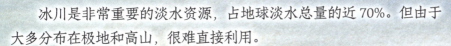

冰川是非常重要的淡水资源，占地球淡水总量的近 70%。但由于大多分布在极地和高山，很难直接利用。

冰川是很多大江大河的源头。青藏高原的冰川孕育了长江、黄河、澜沧江、雅鲁藏布江、印度河等众多大河。冰川的消融会对河源地区的水量稳定和生态平衡带来难以估量的影响。

冰川也是很多内陆干旱地区的重要水源，维系着当地脆弱的生态平衡，为农业提供宝贵的灌溉水源。甘肃河西走廊和新疆塔里木盆地中的众多绿洲和城市，都得益于祁连山和天山的冰川融水滋养。

冰川的消融在短时间内可能增加这些地区的水源，但长期则会导致这些地区的自然环境恶化，经济发展举步维艰。

冰川消融还会导致一些闻名世界的冰川景观消失。位于赤道附近的乞力马扎罗山山顶的冰川一直在不断退缩，"乞力马扎罗的雪"在不远的将来可能就不复存在了。

冰川消融还会改变使一些动物、植物的生活环境被破坏，也给人类生存环境造成威胁。有报道说，与冰盖变化有关的北极熊因难以寻食而体重下降；南极的企鹅和海豹也因海冰减少和气温上升而改变了生活习性和繁殖方式。

我们该如何更好地利用淡水资源?

水是人类生活和发展不可替代的自然资源。随着经济的发展，人们对水的需求也越来越大。地球上的水量总体很多，但人类较易利用的淡水资源很少。虽然淡水资源能通过水循环得到补充和更新，但如果人们的用水量超过了水的更新速度，还是会产生缺水的问题。

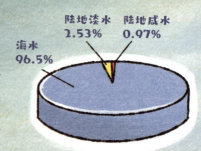

陆地淡水 2.53%
陆地咸水 0.97%
海水 96.5%

电厂热水

农业排水

畜牧场排水

矿山排水

工厂废水

地面径流

城市生活废水

人们日常生活和工业生产的废弃物越来越多，农业中化肥和农药的使用逐年增加，很多污染物质没有经过很好地处理就排放到了水体中，导致污染，进一步减少了可用的水资源。

随着科技的进步，人类可以尝试开发利用新的淡水资源。

海水淡化

海洋蕴藏着巨量的水资源，却无法直接饮用。随着科技的进步，一些国家已开始通过去除海水中的盐分来获得淡水。不过，目前这种方法的成本还较高。

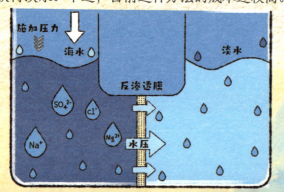

施加压力

海水

淡水

反渗透膜

SO_4^{2-}

Cl^-

Na^+

Mg^{2+}

水压

冰山取水

漂浮在海面上的冰山就像是一座座"固体水库"。一些干旱地区的国家曾计划用大型拖船将极地的冰山拖运到自己国家，以补充淡水的不足。

解决水污染问题，也可以增加实际可以使用的淡水资源。

治理污染

已被污染的水体需通过工程、生物等手段进行治理，降低污染程度，恢复淡水资源的水质。

水污染

预防污染

采取措施防止水污染，远比污染后再去治理要简单。无论是生活用水，还是工业和农业用水，都要尽可能进行净化处理后，再排放到自然中。

环保法

但更为重要的，还是要更合理地利用水资源，控制和减少不必要的浪费。

家庭节水

在日常生活中，有很多简单有效的节水方法，如洗碗和刷牙时关掉水龙头、缩短淋浴时间、攒够一批脏衣服再使用洗衣机等。

淘米

洗菜

涮拖把

冲马桶

工业节水

许多工厂在改进生产工艺以减少用水量，并尽可能地重复利用水资源。

农业节水

农业灌溉一直是用水"大户"。近年来越来越多的国家和地区开始使用喷灌、滴灌等更为精确的方式进行灌溉，以减少水资源的浪费。

图书在版编目（CIP）数据

绕不开的地理常识.4,活跃的江河湖海 / 朱岩编著; 石子儿童书绘. -- 北京 : 电子工业出版社, 2024.1
（超级涨知识）

ISBN 978-7-121-46716-5

Ⅰ.①绕… Ⅱ.①朱… ②石… Ⅲ.①地理 - 少儿读物 Ⅳ.①K9-49

中国国家版本馆CIP数据核字（2023）第227851号

责任编辑： 季　萌
印　　刷： 当纳利（广东）印务有限公司
装　　订： 当纳利（广东）印务有限公司
出版发行： 电子工业出版社
　　　　　 北京市海淀区万寿路173信箱　邮编：100036
开　　本： 889×1194　1/20　印张：16.2　字数：421.2千字
版　　次： 2024年1月第1版
印　　次： 2024年1月第1次印刷
定　　价： 148.00元（全6册）

凡所购买电子工业出版社图书有缺损问题，请向购买书店调换。若书店售缺，请与本社发行部联系，联系及邮购电话：（010）88254888，88258888。

质量投诉请发邮件至zlts@phei.com.cn，盗版侵权举报请发邮件至dbqq@phei.com.cn。

本书咨询联系方式：（010）88254161转1860，jimeng@phei.com.cn。